광한문학 2024 제2호

꽃받침

광한문학회

차례

발간사 · 5

초대 시

오인태　봄날의 시 · 10
　　　　　독작獨酌 · 12
나혜경　사각 · 14
　　　　　내게 온 말에 의지하다 · 16

회원작품

고은혜　덫 · 20
　　　　　꽃무릇 · 22
　　　　　쉼 · 24
　　　　　가을 서정 · 26
　　　　　찔레꽃 · 28
　　　　　발칸의 장미 · 30

김귀례　아침 · 34
　　　　　아버지의 손 · 35
　　　　　봄의 비가 · 37
　　　　　선물 · 38
　　　　　어머니의 마침표 · 40
　　　　　시월에서 · 42

김봉숙　사과 · 44
　　　　　고구마를 캐면서 · 46
　　　　　오른쪽 · 48
　　　　　늘 그렇게 · 49
　　　　　무등에의 초대 · 51

통증 · 53

복효근
∞ · 56
고양이와 더불어 · 58
꽃받침 · 60

송경덕
괘안타 · 64
어떤 꽃 · 66
유족 연금 · 68
습작 · 70
등꽃이 피는 까닭 · 72
나의 관찰자 · 74

안미화
바람모퉁이 · 78
꽃의 시간 · 80
남진사댁 큰딸 · 81
큰언니 · 82
노을에게 묻다 · 84
홀태 · 85

이병현
늦꽃 · 88
귀순할매 · 89
어떤 여행 · 91
찻잎을 덖으며 · 93
독박쓰다 · 95
막상 · 97

이선주
가을 눈동자 · 100
황금물고기 · 102

	누렇게 뜬 가시오이 등에서 · 103
	할머니의 봄 · 105
	책가위 · 107
	카이로스의 시간을 찾아 · 109

이정숙   먹감 · 112
나비화석花席 · 114
극한 · 116
홍역 · 118
빗잔치 · 120
절규 · 122

정인숙   독사탕 · 126
찜질방에서 · 127
그곳이 차마 · 129
카드로는 안 되는 것 · 131
번에 대하여 · 133
언니 · 135

조휘문(계칠)   포도밭엔 코끼리가 산다 · 138
월광소나타 · 140
거미와 상현달 · 142
가을의 문장 · 144
퇴역 · 146
행복한 일탈 · 147

최태랑   철모르는 아버지 · 150
사유 · 152
이팝나무 꽃 · 154
가락국수 · 155
녹명鹿鳴 · 156

발간사

  시로써 삶의 의미를 찾고 이해하려는 작은 모임이 있습니다. 〈광한문학〉입니다. 대부분 늦깎이이긴 하지만 그만큼 시에 대하여, 삶에 대하여 열정의 온도가 높습니다. 경기도 파주에서 광주광역시에서 순창에서 전주에서, 임실에서 남원에서 달려와 한 달에 두 번 시를 가지고 만나 서로 얘기 나눕니다. 그 열정과 정성을 모아 작년에 이어 두 번째 사화집을 펴내게 되었습니다. 사화집을 내기 위해 급히 글을 쓴 게 아니고 그 동안의 작품활동의 결과를 모았다는 점에서 뜻이 깊다고 하겠습니다. 완성도 높은 작품을 위해 꾸준히 습작하고 토론한 결과인 것입니다.

  우리는 글이 그 사람의 솜씨가 아니라 곧 그 사람임을 믿습니다. 시는 언어를 통한 의미 예술이며 시 안에 시, 서, 화, 문, 사, 철이 다 있다고 합니다. 시는 한 인간의 정신과 영혼이 언어의 피륙으로 짜여진 것입니다. 한 땀 한 땀 언어로 직조해 나아가는 삶의 기록인 것이지요. 피를 잉크 삼아 쓰는 수행록이기도 합니다. 아직은 많이 부족합니다. 그러나 광한문학 도반들은 앞으로도 서로에 대한 깊은 신뢰를 바탕으로 함께 고민하고 참된 문학을 위해 길을 찾아 나아갈 것입니다.

  광한문학 사화집 제2호 발간을 함께 축하하며 더 나은 모습으로 3집에서 만날 것을 약속드립니다. 표지화를 그려주신 김은자 화백님께 감사드리며 초대시 원고를 기꺼이 보내주신 오인태, 나혜경 시인께도 머리 숙여 감사드립니다.

2024. 11. 30
광한문학 편집위원 일동

【광한문학의 지난 이야기】

화기애애한 분위기에서 詩를 공부하고

『광한문학』 창간호 출판기념회

〈순창 강천사 문학기행에서〉

디카시도 배우고

맨발 걷기로 건강을 다지고   발을 닦으며 마음도 닦고

맑은 물에 귀도 씻다.

〈2024 섬진강국제실험예술제에서〉

'몸 詩 퓨전 콘서트'에 참여하고 햇살 좋은 가을날 세계 각국의 실험예술가들의 예술행위에 함께 하면서 치유의 시간을 가졌다.

자연도 사람도 아름다운 곡성동화정원에서

초대시

오인태

1962년 경남 함양 생
1991년 『녹두꽃』으로 등단
시집 『아버지의 집』, 『슬쩍』 등
작은 詩앗 채송화 동인으로 활동

봄날의 시

몸 달지 않고서야
어찌 시를 쓰랴

이 봄날

건달처럼 건들거리며
닥치는 대로 집적대며
낯가리지 않고 옷고름을 맡기며
낭창낭창 허리를 흔들며

바야흐로 한데 엎어지며
간드러지며

더운 입김을 포개고 있는
저 속물 오른 것들의
또한, 붉게 달아오른
몸의 비릿한 단내

유독 태연자약할 재간 있거든
시 쓰지 마라

독작獨酌

슬픔은 더 지극한 슬픔으로 녹이고
외로움은 더 절절한 외로움으로 견디나니

오지 마라, 사람아!
나, 오늘 기꺼이 대작하리니

지금, 십 리 밖에 오고 있는 내 외로움과
오 리쯤 더 왔을 내 슬픔과

초대시

나혜경

1991년 사화집 『개망초꽃 등허리에 상처 난 기다림』으로 활동 시작, 시집 『담쟁이덩굴의 독법』 등과 시사진집 『파리에서 비를 만나면』, 산문집 『우리는 서로의 나이테를 그려주고 있다』가 있음.

사각

> 외면할 수 없는 사건은 손 닿을 만한 곳에
> 두고 자주 꺼내서 만져보아야 한다

마침내 문을 개방하고 들어왔을 땐
와락 껴안을 뻔했지
여긴 살기에도 죽기에도 좋은 곳이야

너무 늦게 발견되었다고 혀를 차지만
600년 동안이나 엎어져 있던 마애불도 있잖아
잊혀진 것은 속도에서 벗어나거든

빌려 쓰던 방은 아늑한 사각死角
무엇이든 묻어두기에 적소
생의 끝을 여민 건 겨울옷
느긋한 소멸을 도울 맞춤한 수의

혼자 기분을 접고 염습하고 입관하고
혼자 향을 피우고 기억을 태우고
내가 내게 절하는 예식을 올리는 동안

세상 밖에서 상관없이

분주히 밀려왔다 밀려가는 계절은
계절의 기분만을 따르지

없는 나를 찾는 방문객을 맞으며
찻물을 올렸어
기다렸다고 말하지는 않았지

내게 온 말에 의지하다

틀린 말을 할 줄 모른다는 사람을 만나고 온 날은
그의 말에 고개를 끄덕이느라 밤새도록 뒤척였소

숨도 쉬지 않고 자기 말만 하는 사람과 통화한 날은
폐광이 되어가는 귀를 뜨거운 물로 여러 번 씻었지

듣고 싶지 않을수록 만나고 싶지 않을수록
더 자주 듣고 마주치게 된다는 걸 알게 된 건 하필
이름도 모르는 곳에 아슬아슬 매달려 있을 때

통점을 향해 달려드는 혀들은 깊숙한 상처를 좋아하오

귓속에 고인 소리가 흘러가지 못하고 젖어 있어
며칠째 저녁노을로 온기를 지피고 있는 중이오
목에 걸린 말들이 넘어가길 바라며
모래흙을 한 숟갈씩 삼키기도 했소

절벽 근처에는 가지 말라지만

내게 온 말들로 밥을 짓기도 한다오

붙잡고 울기도 하고
그것 때문에 환해지기도 하여
발목이 부어 절뚝거린 채 아직
위험하다는 곳을 벗어나지 못하고 있소

틀린 말을 할 줄 모른다는 사람이 저기 또 오고 있소

고은혜

전북 고창 출생
2017년 『사상과 문학』 신인 문학상으로 등단, 작품활동 시작
전북 문인협회, 전북 시인협회, 전주 문인협회, 열린시 문학회, 광한문학 동인
시집 『가만히 하늘의 소리 들어봐』

덫

이른 봄 한소끔 햇발에 기대어
군자란 살포시 웃음 풀던 날

어디서 왔을까
꽃의 가장자리를 맴돌며 혼미한 리듬을
타는 꿀벌 한 마리
잎새 사이 거미줄에 걸려 아슬아슬한 순간

동창회가 있는 날이면
부러움의 대상이었던 친구봉숙이가
해거름 녘 상기된 모습으로 나를 찾았다
남편이 찰스 브론슨 이라느니
시집 잘 가 명품으로 늘 도배를 한다느니
질투를 불러내던 그녀
평생 해바라기 남편이 바람이 났다고
사니 못사느니 코가 석 자다

못 믿을 사내놈이라며 걸쭉한 설움을 게우는

그의 가슴앓이를 말없이 다독여 주었다
응어리 한 봇짐 풀어놓고 돌아서는
그녀의 늘어진 어깨너머 휘어진 초승달이
차가운 파문을 짓는다

아프로디테*
그의 향은 독이었다

---

* 아프로디테: 그리스 신화에 나오는 미와 사랑의 여신

꽃무릇

가을볕에
선운산이 불탄다

재울 수 없는 연모의 정
제 몸 풀어 살랐나

훨훨 타는 저 불꽃

반백이 다 된 용산리 총각 선운산에 오르다가
산허리를 휘감는 불꽃에 마음이 털려
주저앉았나

그 가시내가 질러 놓은 불
평생을 끄지 못하고 제 속에서 타더니
영춘네 토박이 집 막걸리잔은 기울고

짓무른 그 가슴을 둘러
보내지 못한 연서처럼 서쪽 하늘에 노을이 탄다

걸어온 길을 헤집던 목탁 소리 잦아들고
산 그림자는 산사에 눕는데
서늘한 저녁 바람만 사내를 감싸고 돈다

쉼

다 접어두고
저물녘 마실길을 나섰다

쉬엄쉬엄 실개천 사잇길 돌다리를 건너다가
실바람이 간지럽히고 가는 못물 위
물주름 타고 놀던 물방개 게아재비가 말을 걸어오는 것을 보며

나는 벌써
징검다리 위에 쪼그리고 앉아 동심의 푸른 수채화를 그린다

소꿉친구들과 버들가지를 꺾어 물고기 떼 몰며 놀던
어렴풋이 묻어오는 시간의 향내
흘러온 세월만큼이나 희미한 그 기억들이 다시금 살아와

내게 쉼은 이런 모습으로 다가온다
세월의 행간을 읽으며 걸어온 길 한땀 한땀 세어 보는 일

여울이 물소리 다 비워두고 고요히 잦아드는

어스름녘
어깨에 내리는 노을 따라 걷는 길

비로소 나 숨을 쉰다

가을 서정

돌아갈 길 망설이는
까슬한 잎새들이 파르르 고개를 떨구며
가을을 우리고 있다

황혼은
성근 나뭇가지 사이에 부풀어
매달려

참새 떼 조잘조잘
겨우살이 준비에 바쁘다

어디서 와서
어디로 가는 것일까

들판엔 피어오르는 한 줄기 연기
하늘 깊이 빨려 들어가는데

소슬바람 안고

노을 속으로 사라져 버리는
세상의 뒷모습

뒷모습들

먼 길 떠나는 가을
오후

찔레꽃

찔레꽃은 고향의 소리

시골집 앞마당 긴 빨랫줄에서 엄마의 옥양목 치맛자락이
봄바람에 펄럭이던 소리 같은 것

잔 등 넘어 솔밭 언저리에 하얗게 널브러져 웃던
꽃 덤불 그늘에 앉아 그 잔망한 향기에 눈을 감던
마음 한구석에서 떠나지 못하는
첫사랑 같은 것

어찌 그 꽃을 그리워하며 살게 될 줄 알았을까만

한웅큼 꺾은 꽃대로 헛헛한 어린 뱃속을 달래주던
해가 저물도록 기다리던 엄마의 살냄새를 찔레꽃은
내게 주고 간 것은 아닌지

시절이 다시 올까
멈추고 싶기도 했던 수척한 시간 들이 둘레둘레 뒤채며

가슴 기슭에 멎는다

가만히 짙어 가는 봄이

올망졸망 한데 모여 하얗게 웃던 꽃이

발칸의 장미

멀고도 아득한 길

핏빛 봉오리
가시 헤집고
햇살 향해 고개 들었다

찢기고 찔려
솟구치던 피
응어리 풀어 꽃 되었다

누가 너를
아름답다고만 말하리오

움켜쥔 슬픔을 녹여서
피어오른 너

밤이 깊어 갈수록
더 향기로운

발칸의 장미

만방에 피어나라
가시와 함께 핀 꽃이여

김 귀 례

한국문인협회 시분과위원
현) 광한문학회 회장
현) 미당문학회 부회장
전) 전남대 평생교육원
　　시낭송지도자과정 전담교수
전) MBC 아나운서
시골 작은 동네 잿말에서 자연의 소리에 귀 기울이며 닮은 글을 찾고자 노력 중이다.

아침

하늘을 부리로 콕 쪼았는지
날개 파닥이는 소리에
햇살이 사방으로 흩어진다

비가 그친 장독 위
그 오목한 곳에 고인 물에
참새 두 마리
물장구치며 목욕 중이다

빵 부스러기 같은 소리 몇 개 남기고
날아오른 뒤

새들이 떠난 자리
하늘이 내려와 고요히 비춰보신다

아버지의 손

햇살 한 줌 집어 상추 모종을 심어요
이미 산이 되어 당신 서 계시는 곳
먼발치 연둣빛 새순 돋아납니다

어릴 적 달고 살았던 고뿔
화롯불에 데운물 얹어 코밑 짓무를까 씻어주시고
겨울밤 지새우며 쓰다듬던 서늘한 손

철 따라 딸기 수박 원두막 찾아
등에 기댄 채 먼지 자북한 신작로 길
울퉁불퉁 내달리던 달디단 기억

퇴근 기다리며 대문 앞 서성이다
엄마의 서러운 훈계 보따리 풀며 마냥 옹알대던
철없는 딸 손에 쥐어주시던 색색의 알사탕

비에 씻은 무지개처럼 기억도 새롭습니다

시집온 후 미로 같은 세월을 부끄럼으로 서성일 때
세상 밖으로 떠나시기 한 달 전
궁금해 하시던 딸년 살림집 둘러보시며
앞마당에 뿌려 놓으신 씨앗들
향을 사른 후에야 파릇한 상추 새싹 보며 마음 덜컹 내려앉았지요

아프고도 행복한 봄
그 손으로 전해주신 따뜻한 말씀으로
더운 가슴 지니고 살아가고 있습니다

봄의 비가

들판 지나 고개 든 바람
돌 틈에 푸른 이끼 깨우면

산허리 저만치
불붙는 산유화

맨살에 내린 봄 향기는
사르트르 보부아르 은밀한 연서戀書

어쩌자고

산에 산에
꽃비 내리는데

눈시울 붉히며 찍는
홍매 붉은 낙관

선물

손가락이 열 개
발가락도 열 개
산 넘고 바다 건너 이곳에서 만난
검은 눈동자에 별이 뜨는 아이, 아이들

미국 유명 여배우가 그 눈동자를 잊지 못해
다시 찾았다는 흑요석의 눈을 오늘 만났다
엄마라는 단어보다 원 달러를 먼저 배워버려
길 위에서 달러를 입으로 줍고 있는 너

그 발에
세습의 가난한 신발을 벗기고
세상에서 가장 고운 분홍 신을 신겨주고 싶다
먹고 사는 일이 당연한 일이 되는
그런 곳으로 이끌어 주는 요술 신발

1달러에도 하루가 싱싱해져서
맨발로 발소리를 죽이며

초록 행성에서 동행하는 아이들
내가 내민 손길이 혹여 뫼비우스의 띠 위에
올려놓는 것은 아닌지 …
쓰린 눈으로
너를 통해 당연하지 않은 다른 세상을 보았다

포만의 땅을 마음 놓고 걸어온 나를 벗고 싶다
네가 선물해준 마음의 주춧돌
걸어갈 길 위에 다시 세우며

어머니의 마침표

집중치료실
하얀 줄을 통해
시간의 시작과 끝자락이 들락거린다

마른 옥수숫대 같이 야윈 살과 뼈
침묵으로 감겨있는 눈
눈꺼풀을 들어 눈동자를 들여다보면
거울처럼 비치는 기억들

목울대를 넘을 것처럼 거칠게
그러다 안으로 안으로만 터지는
연민, 아픔, 고단함. 기쁨. 자랑스러움. 희망……
꿈의 언저리에 찰랑이던 바람
수북이 쌓인 단어들

명절이면 날렵한 바느질로
생의 조각들 이어 맞춰
머리맡에 지어 놓아주셨던 무지개 옷처럼

그 따스한 입김 거두어
마침표 찍으려는 어머니의 말

시월에서

툭 잘 익은 홍시 하나에 가을이 떨어집니다
한 생이 떨어집니다

한순간 일 줄은 몰랐습니다
정갈한 부엌과 벼루에 먹 갈고 있을 때가 좋다던 당신
살다 보면 숨소리 거칠어진 날 왜 없었겠습니까만

구멍 숭숭 뚫린 바람길에서도 피워낸 소금 꽃
마음 썩지 않는 법을 알게 해주셨지요
바탕색 고요한 그 한 생
삶과 죽음의 경계마저 안으로 삭이며 지워나가신 당신

겨울비에 흠뻑 젖어 떨고 있는 날이면
말없이 등 쓰다듬어 주시던
그 손 더 잡지 못하고 시월이 갑니다

지금은 서로의 소실점에서
다만 아득히 손 흔듭니다

김봉숙

월간 『문예사조』 시 등단
문학공간 디카시 대상, 오은문학 디카시 대상, 현대시문학 삼행시 문학상
남명문화제 시화문학상 포랜컬쳐상
광주광역시문인협회, 광주광역시시인협회, 광한문학 회원
시집 『갯마을 오후』(디카시집), 『누군가 부르지 않아도』

사과

어느 겨울날
두 쪽으로 쪼개어
껍질 깎아 먹으려는 순간

갈라진 한가운데
솜털 같은 곰팡이 생겨
썩어 가고 있었다

표면에 윤기 흐르고 배꼽이 오목하여
그 달콤한 맛만 떠올렸는데
깊은 곳에 아픔 품고 있었다니

밖으로 내다 버려야 하나
빙 돌려 파내고 성한 부분만 먹어야 하나
망설이는 사이

그 상처 난 자리에
까만 눈동자 같은 씨앗이 반짝인다

눈바람 치고 천둥 울려도
이 악물고
겨울 건너는 이가 또 있었다니

고구마를 캐면서

황토밭에 고구마를 심고
끝 간 줄 모르고 뻗어가는 줄기

하늘바라기하면 하는 대로
흔들리면 흔들리는 대로
갉아먹고 구멍이 뚫어져도 그냥 두었다

갈라지고 이파리 시들해도
제대로 물 한 번 뿌려주지도 않았다

선들바람 불고 비 그친 가을 아침
두렁을 포크로 열어젖히니
거기

아주 작은 공룡들이 엉켜 있고
토끼 몇 마리가 막 뛰어다니고
주먹만 한 공이 굴러다닌다

여름이 쓴 자유시를 읽은 날이 있었다
고구마를 캐는 대신

오른쪽

늘 너에게 기대며 살았다

거꾸러졌다가 일어설 때에도
출근길 가방을 멜 때에도 너를 먼저 찾았다

펜을 잡고 글을 쓸 때에도
공을 찰 때에도 식사를 할 때에도
자동차 시동을 걸 때에도
참 많이도 부려먹었다

너에게 이렇게 무지막지 일을 시키고도
어느 때나 부르면 나타나겠지 생각한다

그러던 어느 한밤중
숨 쉴 때마다 결리고 아파 신음이 새어나온다
조금만 움직여도 통증이 나를 깨운다

이제부터라도 왼쪽과 친해져야지 하면서도
오른쪽 어깨 내밀어 가방을 들쳐 멘다

늘 그렇게

겨우 한 소쿠리 고추를
낮에는 바깥에 두고
밤에는 안으로 들인다

밖에라도 나가실 때면 자꾸 하늘 쳐다본다
천둥 울고 번개 번뜩이면
느닷없이 소낙비라도 오면 어쩌나

머금은 풋내 내뱉고
음악소리처럼
씨앗들이 고슬고슬 달그락거리려나

어머니는
앞마당에도 옥상에도 고추를 널어 말리신다

서로 겹쳐진 건 펼치고
짓무르고 바랜 건 골라내며
무서리꽃 필 때까지

도시로 학교 간 아들 다 자라서
장가보내고 난 뒤
그 몇몇 해가 지났는데

어머니는
고추를 널어 말리듯이
아직도 늘 그렇게

무등에의 초대

오늘 이 시간은
단 한 번뿐

산 그림자 어리는 강물 바라보며
숨겨 둔 언어들 마음껏 쏟아내는
이곳으로 오라

그대와의 그대만의 시간은
오늘 한 번뿐
골치 아픈 일상 뿌리치고
이곳으로 오라

도시 불빛 속으로 들어가고
온종일 가상의 세계로 빠지고 싶은 욕망
모두 버리고

산들거리는 산길 굽이 돌아
머루 포도 영그는 들길 거닐어

이곳으로 오라

강바람 불어오고
백일홍 흐드러지게 피어 있고
고추잠자리 날갯짓하는
이곳으로 오라

여기 오는 순간
핑크빛 차 한 잔에
청춘의 향기 저절로 걸어 나오고

시상들이 우르르 쏟아지고
그리움 읊조릴 때마다
감미로운 음악 흐르는
이곳으로 오라

통증

가는 길마다
자꾸만 따라다니며 무얼 바라는지

집 안에 있을 때나
바깥에 나갈 때나

어깨 짓누르고
옆구리 찌르고
목을 감아 조인다

겨를만 있으면 운동장에서 밤낮으로 뛰고
갯바람 부는 섬길 달리고
높은 산 오르내렸으니

다다른 곳마다
기꺼이 따라다니는 건 어쩌면 당연한 일

덜컹거리며 종점 향해 가는 버스 안에

어쩔 수 없이 안고 가긴 하지만

몰래 내가 먼저 내리고 싶다
분실물 두고 내리듯
기꺼이 이별하고 싶다

복효근

1991년 계간 『시와 시학』으로 작품활동 시작, 시집 『예를 들어 무당거미』, 『중심의 위치』 등이 있으며 '신석정문학상' '박재삼문학상' '한국작가상', '디카시작품상' 등을 수상하였다.

∞

꽃에 앉아 날개를 접었다 폈다 하는
나비

경칩이다

거기 문이 있었구나

나비 날갯짓에
와르르 햇살 쏟아지는

출구인가
입구인가

문 앞인 건 알겠는데
여기는

안인가
밖인가

안이면서 밖이라는 듯
안도 아니고 밖도 아니라는 듯

나비의 날개는 ∞[*]를 닮았다

---

[*] 무한대를 나타내는 수학 기호

고양이와 더불어

필생으로 마련한 집
꽃을 심고 풀을 뽑고 낙엽을 쓸지만
보란 듯 이놈들은 내 마당을 제 화장실로 쓴다
나는 매일 아침 놈들의 똥부터 치운다
나를 아주 같지 않게 보는 것이 분명하다
신발을 던져 쫓아도 보지만
보라는 듯 볼일을 보고 유유히 걸어간다
아빠로 불리고 남편으로 불리고
선생으로, 어쭙잖은 시인으로 불리워도
이 순간 넌 길고양이 집사야
길고양이 똥 치우는 사람일 뿐이야
말은 못해도 내 안을 다 알고는 있다는 듯
오늘도 가뿐히 담을 넘는다
사랑이 어떻고 생명이 어떻고 시를 쓰면서도
고양이 똥을 치우면서는 온갖 인상을 다 구기고
고양이를 개새끼라 부르는
앞뒤 못 가리는 이 작자를 비웃는 것 같다
그래, 내가 이 집 마당에 싸면 얼마나 싼다고

그러지 않으면 옆집 앞집에 가서 쌀까
옆집은 앞집은 괜찮고 너희 집 마당은 안 된다고 이런
양심도 없는 사람족속 같으니라고
야옹, 냐옹 오늘도
담장 위에서 고양이가 뭐라고 훈시를 할 때면
나는 내가 고양이보다 나은 이유를 곰곰 헤아려보기도 한다

꽃받침

동네 첫 집 마당 가에 놓인 평상
한쪽으로 기울어
한쪽 다리에 받쳐놓은 돌멩이 하나가 가까스로 균형을 잡고 있다
경로당 냅두고 할머니들 거기 모여 노는데
평상의, 아니
노구들의 안위가 늘 걱정이 되었으나
그렇게 아무짝에도 쓸모없는 돌멩이 하나가
노인들의 일상을 받치기도 한다
어느 날은 할머니 한 분
틀니를 빼고 거기 앉아 있다가
나를 보자 화들짝
손으로 입부터 가리는 것이었는데
틀니 하나가
할머니를 여자로 받쳐주고 있었던 것
기울어진 서가를 받치고 있는 건
겹친 화투장 서너 장
부용화 그 큰 꽃도 꽃에 가려 보이지도 않던
작은 꽃받침 하나가 감당하고 있던 것을 꽃이 지고서야 보았다

있을 땐 있는 줄도 모르는 것들이
세상을, 세상의 균형을 잡고 있는 것이었다
돌멩이의 구실이 다하자 평상과 함께 여름이 가고
틀니의 소임이 다하자 할머니는 산으로 가셨다
내 안에 돌멩이로 남아
오래토록 통화 한번 안 했던
그이 전화번호를 지울까 하다가 그만 남겨두기로 했다

송경덕

광한문학 회원
2024 서울 詩 지하철 공모전 당선

괘안타

비 갠 오후 상추를 뜯는다

땅 가까운 흙투성이 몇 장은
아무 생각 없이 뚝 따서 버리고
깨끗하고 싱싱한 잎들만 똑똑 뜯어
보물 챙기듯 바구니에 담는다

맨 처음 어둔 땅 뚫고 나와
여린 새잎 감싸 안고 고이 키워낸 어미 같은 그 잎들
모두 내팽개쳤다

이놈의 세상은 늘 1등만, 예쁜 것들만, 새것들만 살맛 나는 세상이라고
입버릇처럼 투덜대던 내 손이 한 일이다

버려지듯 뒷전으로 밀려나
요양병원에 복지시설에 유폐된 노인들처럼
버려진 상춧잎들이

밟혀 짓뭉개지면서 시들어가면서
그래도
들릴 듯 말 듯 무어라 달싹이는 소리

괘안타
괘안타······

어떤 꽃
- 두 번째 기일에 바치는 사부곡思父曲

집에 가 먹으라며 엄마가
한사코 건네주신 검정 비닐봉지
그 속에 칡즙 봉지 가득 들어 있다

한 봉지를 꺼내 머그컵에 찬찬히 따르니
컵 속 탁한 수면 위로 수련 한 송이 피어오른다

내 아버지

성한 오른손만으로 칡을 캐
헐거워진 잇몸에 웃음 물고
칡 반 손자 재롱 반 빈 지게에 켜켜이 쌓던

마지막
진액 한 방울까지 자식들 입에 넣어주고는
새벽달 배웅받으며 별똥별처럼 홀연히 져버린

꽃

그 꽃 한 송이
지금은 어느 창공 위에 피어 있는지

유족 연금

어딘가에 살아계신 아버지가
가신 그날처럼 어색한 꽃단장을 하고

눈썹달 높이 떠오르면
은혜 갚는 호랑이 마냥
한 달도 거름 없이 어슬렁어슬렁
오두막집 앞마당에 나타나

빨간 장미 대신
잘 익은 누런 맷돌 호박 몇 덩이
홀로 두고 간 옛 연인 품에 안겨주시는 걸까

추억의 편린 하나둘 주워 담다
터질 듯 가슴 그득 만월로 차오르면
'백년해로' 색바랜 서약서 마패로 차고
사람 좋은 미소로 뚜벅뚜벅 걸어와
삐뚤빼뚤 밤새 눌러쓴 단내나는 연서 한 장
곰삭은 연인 몸빼바지 주머니 안에

슬몃 찔러주시는 걸까

살아생전 육십 년은 모자라
사십 년은 족히 더 이어갈 듯

죽어서도 지아비는 끈을 놓지 못하고

습작

또 밥을 짓는다

물에 씻은 쌀과 잡곡 솥에 안친다
물을 부어 불에 올리고 시간과 화력을 조절한다
이윽고 불을 끄고 뜸을 들인다

배운 대로 따라 하는데
내가 지은 밥은 항상 삼층밥이다
설익어서 입안은 거칠고 탄 내가 나기도 한다

갈래머리 여중 시절 자췻집 부엌에서
홀로 눈물 닦아가며
풍로 심지에 불붙여 짓던
노란 냄비 속 딱 그 밥이다

솥뚜껑 열고 들여다보면
하얀 김 속으로 에밀레종 그 울림의 여운처럼
좔좔 흐르는 윤기에 절로 입맛이 돌아

내 안에 가득한 허기 채워주는
주린 이 설움 덜어주는
그런 밥 한 솥 짓고 싶어

오늘도 햅쌀과 햇잡곡 몇 줌 꺼내든다

등꽃이 피는 까닭

보랏빛 꽃숭어리 모여
작은 등불처럼 매달려 피어 있다

진종일 허리 한 번 펴지 못하고
방울방울 등짝에 피워낸 소금꽃 말려주려고
이마에 흐르는 땀방울 닦아주려고

비가 오면 아무도 몰래 흠씬 젖고
바람이 스칠 때면 긴 한숨 토하는 사람들
진한 눈물 훑어 허공으로 날려 보내주려고

작은 꽃등불이 타고 있다

가끔 고개 들어 하늘을 본다
고개 숙여 꽃들을 본다

아니다 아니다 싶은 것들도
그때마다 보랏빛으로 물들어간다

끝내는 스스로 가벼워지리라

나의 관찰자

누군가 무심히
내 초라한 툇마루에 던진 불꽃 하나

번개처럼 화르륵 번지더니
눈 깜짝할 사이에
초가집 한 채 홀라당 태운다

나도 모르게
집도 없이
갈 곳도 없이

생각의 감옥에 스스로를 가두고
탈옥은 엄두조차 내지 못하면서
없는 벽을 더듬으며 밤새 끙끙댄다

소리 없이 나의 일거수일투족을 지켜보던
또 다른 내가
내게 다가와 나지막이 묻는다

보았느냐고
직접 보았느냐고

안미화

전북 정읍 출생
광한문학 회원
시낭송가

바람모퉁이

바람모퉁이가 보이면
마음은 어느새
발걸음보다 먼저 붉게 물든다

미로에 든 설렘으로
연마석 내 인생을 돌고 돌아
몽글게 애무하는 바람

바람은 더 거세어도 좋다
내 안에 이는 파도는 더 높아도 좋다

두려움 없이
겁도 없이
어둠이 파도치는 바람모퉁이에 선다

어느 날엔가 바람이 떠난 모퉁이에
석양이 찾아오면
엄마의 표정으로 노을 한 자락 깔리고

이 바람 다 잦아들면
변산반도의 등대 불빛 따라
순하게 귀항하는 한 척 배처럼
왔던 길 돌아가리라

꽃의 시간

어둠 속 북극성 바라보며
어둠을 뚫고 나아가야 하리
얼음이 이마에 맺혀도
빙판길 미끄러울지라도
무대에 올랐으니
거꾸러지더라도
넘어지더라도
한바탕 목놓은 노래로 꽃을 피워보자
가장 아름다운 꽃은 아직 피지 않았다
지금이 아니면
노래할 시간은 오지 않는다
이 무대엔 비상구가 없다
참 다행이다

남진사댁 큰딸

소달구지 물길을 질러가는 밭두렁은
고구마밭
고구마는 어머니의 땀을 먹고 자라서
고구마 무더기 쟁여진 정지방에 드러누워
자매는 꿈을 키웠지

어머니 발등에 괭이자국 반달이 뜨면
다독이다가 긁다가 잠드시는 굽은 등은
여장부의 품이었지

이제 보니 내 발가락에도 종아리에도
많은 반달 자국이 패여 있어
쇳덩어리 만지며 잘 길러내어
무쇠보다 단단하게 자란 자식들

아무렴요
벼슬보다 더 높은 이름
남진사댁 큰딸

안미화

큰언니

트럭 엔진소리가 새벽을 깨우면
흔들림 없는 눈빛으로
묵묵히 하루의 무게를 짊어진다

코팅 장갑 속 손바닥엔
굴곡진 세월이 옹이로 박여 있고
주름진 시간이 파도 무늬로 새겨져 있다

트럭 짐칸을 오르고 내리며
그녀가 가꾼 땅의 자식들을 나누면서
땀 절은 한숨을
웃음으로 피워낸다

그녀의 살결에서는 흙냄새가 난다
그 냄새로 가족 모두의
마음에 상록수 한 그루씩 키우고

만나는 사람마다

한여름
푸르른 그늘을 드리워준다

노을에게 묻다

봄이 꽃빛으로 왔다가고
여름
불타올랐네

가을이 오고 또 가고
겨울 찬바람
시린 마음 훑고 갔지

다시 찾아오고
가고 또 오는 계절에도
일상의 흔들림은 멈추지 않아

오늘은 계절의 뜻을
노을 진 하늘에 묻는다

난 어디쯤 서 있느냐고

홀태*

어릴 적 홀태에 나락을 털 때처럼
짚은 따로 묶어내고
쭉정이는 다 불어내 버리듯

알곡만 거두어
곳간에 쌓아두듯

잘 여문 알곡 낱말 홀태에 훑어서
가슴 안쪽에 쟁여두리라

가슴은 뜨거운데
아직은 이 손놀림은 낯설어
자꾸 언어는 비켜가지만

이 가을에는
검불을 골라내는 마음으로
쭉정이를 불어내 버리는 마음으로

---

* 나락을 훑는 재래식 농기구

이병현

『강원 시조』 신인 문학상 수상으로 등단
동리 목월 백일장, 부산 문화글판 봄편 대상, 빛창 공모전 최우수상 등 수상
광한문학회 회원
수학학원을 운영하다 은퇴하여 귀촌 후 지금은 잘하는 일보다 좋아하는 일, 시 쓰기, 텃밭 가꾸기, 아이들 만나기 등을 하며 살고 있다.

늦꽃

간간이 눈 마주치다 무심히
잊힌 꽃

잡풀 뒤엉켜
얼크러진 실타래 같은 꽃밭
풀뿌리 붙잡고 실랑이 하다 보니

땅속 켜켜이 쌓아 올린 어둠 딛고
단단한 심지로 밀어 올린
작디작은 숨

마치
눈빛만 까맣게 반들거리던
늘 치여 살던 조카가
늦깎이 신입사원이 되던 날처럼

거미줄 같은 푸른 줄기
흔들리는 그 아슬한 끝에
자잘한 웃음 꼭 붙들고 있다

귀순할매

웬일일까
남보다 먼저 무 배추 자라던
할매 밭이 휑하다

감자 캔 고랑 그대로
뒤집힌 속살 드러낸 채로
애꿎은 저 가을볕에 애가 타는데

배추 동 올라 꽃 필 적에
미안혀이 미안혀
꼭 나비맨치로 잠시 머물다
떠나버렸다던 새신랑

피워보지도 못한 꽃
그래서일까
일바지 가득 꽃 피워놓고
밭고랑에 앉아 나비 부르더니

이 가을 다 가도록
어디 있을까

어떤 여행

그날이 그날 같은 날
문득 허방을 딛는 듯 휘청이고
가슴 저 밑바닥으로부터 울렁임이 올라 올 때

그런 날이면
흐물거리는 일상을 둘둘 말아 지고 훌쩍 떠나기도 한다

낯선 곳에서 바짝 긴장한 나를 풀어놓고
낯선 이의 눈빛에 생기가 꿈틀대고 단단해지면
누가 부르기라도 하듯
다시 돌아오기도 하는데

그렇듯 아버지는 여행 중일까
고요 머문 저 모습 뒤에 무얼 숨겨놓았을까

그 어딘가를 잠깐 잠깐씩 다녀와선
빙그레 웃기도 하고 화를 내기도 한다

내가 지금 그러하듯이
당신을 찾으러 떠나는 것일까
다시 출발지점으로 돌아오기 위해 짐을 싸고 있는 것일까
조금씩 더 먼 곳으로 가기 위해 날갯짓 연습하는 중일까

찻잎을 덖으며

갓 따 온 찻잎
초록이 묻어날 것 같은 그 날것

솥 안에 넣고 서서히 덖기 시작해
떫은 향이 올라오면 면포에 펼쳐서
손바닥 얼얼하도록 비빈다

상처를 내면 낼수록
서로 등을 맞대고 껴안고 둥글어진다
거칠던 숨결마저 모가 닳는다

구증구포 모진 연단 끝에
혀 끝에 고스란히 녹아드는
푸른 생애

뒷전으로 밀리고 치이던 때가 있어
어찌할 줄 몰라
그저 나도 나를 꼭 끌어안고 버티었지

덖고 비비고 비비고 덖여
녹차가 되듯
견디고 버티면 버티고 견디면
생채기에서도 푸른 향기가 날까

오늘도 나는 날것의 나를 덖고 있다

독박쓰다

수화기 너머 넋두리
꽹과리 소리처럼 귀속을 파고들면

충혈된 목소리 감추고 웃는 입꼬리에
납작 엎드린 말들이 새어 나오지만
한여름 땀띠 같은 게 화르륵 올라온다

엄마라는 폭군의 이름으로
거침없이 진격해 와서
탱크처럼 밀어붙이고
자동소총을 난사하고

하나도 적중하지 못한 파편들은
한 곳으로만 쏟아지고
억울함만 낭자하다

휘어지는 법을 모르는 총구 틀어막고
저항하는 것도 잠시

몸 안에 흐르는 피의 지분탓인가
항복을 선언하지만
누구도 이긴 자는 없다

막상

출퇴근 길 산모롱이 돌아서면
화들짝 또는 가만히
환대해주는 막상 골 농원[*]

꽃이면 꽃
바람이면 바람
단풍이면 단풍
눈이면 눈

사계절 가꾸는 그 주인장 궁금해
한 번은 찾아보리라
벼르기만 했는데

유난히 초록 짙던 그 여름 끝자락
삼색버드나무 가지에
매달린 조등 하나
희게 흔들렸다

---

* 막상골 농원: 순창 구림면에 위치

간절하던 일도 막상
그 앞에 서면
늘 주춤거리고 살피느라 접고
또 접다 보니
그것도 습관이 돼

네 번의 계절이 오가는 동안
또 넘지 못한
고질병
주변만 밟다 나만의 인사를 고하고
달리는 길 위로
막상 아무것도 못 했던 날들이
멀뚱하게 멀어진다

막상
내일은 좀 다를까

이 선 주

전남 해남 출생
Alto University School of Business MBA
전남대학교 경영학박사 수료
『시와 사람』 등단, 『문학공간』 디카시 등단, 『현대문예』 수필 등단
제 16회 금융인 문화제, 시인마을 문학상, 미당전국백일장 등 수상
광주문인협회 이사, 광주시인협회 이사
자기계발서 『라떼는 말이야』 (공저), 시집 『그리움 흔들리는 날』

가을 눈동자

철 지난 가을옷을 꺼내 입는다
거울 앞에 서서 지그시 눈을 감고야 만다

악성 종양으로 해석된 소년의 가을이 있었다
뇌신경세포에 휩싸여 신음도 생략한 채 무음으로 지워지던
아이의 눈동자

동공으로 빛을 모으지 못하고
황금벌판과 붉은 단풍조차 읽어내지 못하고
불투명 유리창이 되어가던 그해 겨울

엄마의 눈물과 소년의 눈물이 서로 섞여들어
생의 시간을 떨어내는 작별을 가을은 기억했다

바람에 흔들리며 낙하를 주저하는 낙엽 한 장
파르르 떨었다
손바닥에 잡히는 건 식은 눈물 자국

그해 가을을 잊어버릴까 봐
봄이면 가을과 젖은 눈동자를 꺼내입는다
착시된 어제처럼

황금물고기

은행나무에
물고기가 무리 지어 산다

별빛 노래 부르다 탯줄을 끊듯
툭 끊어져

바람을 타고
나폴나폴 춤을 춘다

강물 위에 황금빛 선율로 헤엄치다가
물베개를 베고 꿈을 꾼다

계절을 궁글려 차오른
금빛 언어들이 펄럭인다

누군가의 갈망처럼 눈부시다

누렇게 뜬 가시오이 등에서

달빛이 구부러진다

구부러진 손
구부러진 무릎
구부러진 해진 마음의 갈피

상처가 곰삭아 있다

더는 물러설 수 없다
벼랑 끝에서 흔들려도 버티는 엄마의 기울기

허리가 활처럼 구부러진다
구부러지는 영혼은 무슨 색깔로 물들었을까
쏘아올린 화살이 구부러진 그 자리가
고봉절정高峯絕頂이다
바위도 구부러지고 구부러져 둥근 몸을 세운다

엄마가 지나간

구부러진 자리가 꽃이었다
봄이었다

달빛이 고이는 자리였다

할머니의 봄

죽담과 장독대 아래
페르시아 보석같은 채송화

먼지 같은 씨방
날아갈 꿈에 부풀었지

작두샘 수로 따라 할머니 닮은 수선화
나란히 줄지어 할아버지 무덤가로 흘러가고

평상에 모기장 두르고
손녀 손가락에
아리도록 봉숭아 물 들이셨지

성모마리아의 순결 닮은
백합의 향기 낮게 떠도는 앞 마당

봉숭아 물들인 손톱의 혼들, 마당에 흩뿌려졌지

주름살로 피운
한 송이
생

소복 입은 할머니 한 마리 나비가 되어 나셨지

책가위

원본을 보존하기 위한 껍데기

그러나 새롭게 부활하는 기폭제이기도 하지

각진 네 귀퉁이가 묵은 시간보다
더 너덜 너덜 해진 성경책

종이 대신 초록 풀씨 머금은 천을 씌우고
한 땀 한 땀 꿰맸지

하얀 나비 불러 모으는
풀꽃이 피어나고

바람도 공회전하며 풀밭을 배회하지

까치가 알 수 없는 목소리와 달을 나눠 가진 듯
공명을 하기도 하지

봄물 마신 만물이 기지개 켜며 비상하는 계절

책속에서도 말씀이 일어나며 도움닫기 한다

"기뻐하라, 감사하라, 쉬지 말고 기도 하라."

어둠을 반짝 반짝 닦아내는 달빛 마냥

영혼이 찔리고 상처 날 때마다 연고인양

덧바르던 말씀이 살아 움직이는 부활

저 높은 곳을 향해 날개를 편다

카이로스*의 시간을 찾아

잠수한다

한 번도 마주한 적 없는 에메랄드의 시간 속으로

호흡이 가빠오고 동공이 확장되는

미증유의 시간

골든트레빌리 두동가리돔 파랑비늘돔이 내 곁을 스쳐 지나간다

산호들이 이룩한 성에 도착하면

가슴과 머리 손과 발에서도 노랗고 파란 꽃들이 피어난다

저 무성한 시간의 군무

일사불란한 카드섹션처럼 반짝인다

---

* 카이로스 : 기회 또는 특별한 시간을 의미한다

외면했거나 닫아버린 촉각들이

절대의 시간처럼 일어선다

매 순간이 모여 노랗고 파랗고 붉은 산호성을 짓는다

순간을 무시하고 영원만을 위해 발버둥쳤던 나의 시간 위로

금빛 햇살이 아름다운 순간으로 부서진다

산호에 스며든 금빛 보화들이

줄지어 등불을 밝히면

나는 잃어버린 카이로스를 찾아

영원한 잠수를 꿈꾼다

이정숙

2020 『모던포엠』 등단
전북시인협회
광한문학에서 활동

먹감

한여름이 지나면서 기미가 짙어졌다
모래내시장 노점에서 날로 햇볕에 당당한 여자
나잇살이 배 쪽으로 몰려
전대 두른 허리께가 제법 둥실하다

만지작거리다 가는 손님의 지문은 암호 같다
잎사귀만한 손차양을 치고 구푸린
더께 앉은 그녀의 가슴에 무엇이라 적힐까

천둥번개가 달려들어 흔들 때에도 맨등을 내밀던 무심
무심이라 해도 떫은 날이 없었을까
혼잣말은 더 떫어 우물거리다보면 단물 고였는지
귀 밑의 흑자점이 홍조 위에 걸쳤다

…물컹해진 속내
감씨 몇개는 심지처럼 들어있어

견디다보면 지나가더라고

잊히더라고
반쯤은 귀 막고 눈 감고 살아도 물리를 꿰는 그녀
떨이로는 팔 수 없었던 한 무더기 노을이
리어카를 밀며 따라가겠지

심중에 품은 그것은 자외선보다 강해서
커다란 반점 하나 훈장처럼 내미는 여자
주홍의 가슴에 낙관이 찍힌다

나비화석 花席

수련잎이 나비화석 문양을 입었다
항로를 이탈하고 밤새 헤엄치다 쓰러진 나비
죽어서라도 어떤 은유가 되고 싶었을까

야행을 틈 탄 길에서 발목을 잡히고
달맞이꽃 분꽃 박꽃
눈이 먼 나비가 내려앉았을 야래향
달빛을 향해 퍼득거렸지만
살아서는 다다를 수 없던 곳
물 속도 아닌 허공은 더더욱 아닌
잠시 어둠 위에 앉았다가
끝내 깨어나지 못한 꿈에 빠졌을테다

나도 언젠가 당신이라는 헛꽃 언저리를 떠돈 일 있었는데
새벽달처럼 하늘을 파고들어 죽은 척
한 계절이 지나도 좋다고 맹서한 적 있었는데

보란 듯 들어낼 수 없는 속엣말을

당신 팔짱을 낀 문신처럼
흰나비는 밤 새워 새겨놓았는지도 몰라
나도 꽃자리에 엎드려 나비처럼 울었지

극한

참새 떼가 나뭇가지 사이에서 팔랑거리다
이내 낙엽인 듯 내려앉고
비탈 진 허공을 활강으로 곤두박질 치는 물까치 무리

생각이 길어서 밟혔을까
지친 어깨가 욱신거려 뒤처졌을
물까치 한마리를 낚아채고
늙은 고양이가 끄덕끄덕 돌아가는 길에는
영문 모르고 죽은 새의 깃털이 가랑잎처럼 나뒹굴었다
퍼드득퍼드득 악을 쓰며 떼 지어 쫓아가는
동료와 동무와 동생들
놓아달라 울부짖는 저들을 따돌리고
허리선이 가늘은 고양이는 들을 귀가 없고

저것들 또한 죽음을 설명할 수 없어 그저 울겠지

문득 웅성거리는 tv에서
이틀 전 컨베이어벨트에 물려갔던

아들이었고 아우였으며 그 어린 것들의 아비를 살려내라고

무엇이면 될까
그 무엇이라는 것이 있긴 할까
머리띠를 동여맨 사람들은 새 떼처럼 거리로 몰려나오고

홍역

푸르스름한 잠결에
당신의 마음에 손을 댔는데

육십 년의 잠복기를 지나
어떤 점묘의 신호로 온몸에 열꽃이 번졌다
통증으로 분류된 가려움 때문에
그러나 아무런 흉터도 남길 수 없어 허공을 긁었는데
내 가슴엔 생채기가 났다

이쯤 되면 아픈 것 쯤은 받아들일 줄도 알아야지
부끄러운 것보다 더 당황스러운 것은
부스럼 나지 않고 피었다 지고 싶은데
속병을 견딜 수 없어 오한이 났다
이 떨림 하나로도 나는 느껍지만
혼자서 타오르는 늦은 발화發花를 어떻게 감춰야 할까

터트리면 안 되는 물집이 스스로 잦아들 때까지
아니, 귀 밑에 하나 정도는 붙들고 울어서 흔적을 남길까

발버둥치며 지나간
처음으로 두렵고 떨리던 외계의 시간을
두고두고 바라봐도 될까

거미줄에 발목이 잡힌 나방이
가까스로 빠져나간다

빚잔치

그악스럽게 울어대던 여름 숲
수매미 한 마리가 투신했다
그 무슨 감당할 수 없는 빚에 몰렸을까

나뭇가지 뒤에 숨겨두었던 식솔보다
갚을 길 없는 짐이 더 무거웠을까

영원을 살 것처럼 당당했던 맹서로는
보증 선 가을을 설명할 수 없어
입 닫은 제 생을 뉘 집 잔치에 진설陳設했을까

까맣게 빚쟁이들이 모여들었다
빛과 빚이 같은 소리로 묻어가는 지점이다

개미들은 맡겨놓은 듯 세간살이를 물어날랐다
값 나갔을 목청과
생전 부러웠을 날개옷은 옆구리에 끼고
울어본 기억만 적힌 몸뚱아리도 계산이 되는 모양이다

한 채 모래성처럼 낮아지다 스며들었다

무엇이 무엇을 대신할 수 있을까
잔치의 뒤끝은 깨끗하지만
이명으로 들어앉아 끝 없이 묻곤 했다

울지도 노래하지도 못한 내 사랑도 이쯤에서 끝내자
갚으면 안 되는 것도 있으므로
나는 그것을 붙안고 가라앉기로 했다

절규

풀을 뽑다가 아차, 하는 순간
코스모스를 내리쳤다
그악스런 바랭이풀을 따라나와 동생처럼 손 잡고 있었을

꽃밭인데 어쩌면 풀밭인데
세운 호밋날에 핏빛 노을이 찍혀 번뜩였다

절규*처럼 입을 벌린 채 동강 난 코스모스

피할 수 없는 어떤 시간이 오면
신도 잠깐 실수 한 적 있다는 억지소리를
왜 이 마당에 듣고싶을까, 그러니까
내 동생은 그날 아무 잘못도 없는 우연한 사고였다는…

잊혀질 시간 틈으로 나는 다시 여뀟대를 뽑아 던지지만
무엇이 무엇을

---

* 뭉크의 그림

누가 누구를 이해한다 말 할까
속으로 외쳐 부르는 이름이 내게는 여전히 자라고 있는데

영문 모르고 **뽑혀** 던져진 풀의 꽃들은
어둠 속에서 반딧불이처럼 웅성거리다
지금쯤 까무룩 잠들어가겠지
잠 들 어 가 겠 지

정 인 숙

전북 순창 출생
전통놀이강사, 시니어 건강교실 강사, 시낭송가, 북나레이터, 광한문학 회원으로 활동
서울특별시 전국 시낭송대회 대상, 김삿갓 전국시낭송대회 최우수상 등 수상

독사탕

국민학교 시절
나에게는 천국 같았던 학교 옆 구멍가게

틈만 있으면 찾아가 사 먹었던
일 원짜리 독사탕

오래오래 입안에서 매끄럽게 구르다가
모래알만 해지면 꿈이 녹아 없어져 버린 것 같았지

시작 종소리에 수업이 시작되었어도
선생님 말씀보다 입안에서 맴도는 그 달콤한 여운

독한 인생살이에 문드러질 때도
돌처럼 단단하게 마음먹고 살아가라고
가끔씩 찾아와 다독여 주던 그 새하얗고 단단했던 기억에

내 눈물에서 가끔 단내가 난다

* 독 : '돌'의 서남방언

찜질방에서

미역국을 먹는다

아이들을 낳을 때마다
뚝배기 하나 가득 잘도 먹었었는데

다섯을 낳았으니
내가 먹은 미역국이 연못 하나는 채우겠다

때로는 맛으로
어떤 때는 고마워서
더러는 미안함으로

잘 묵어서 좋다고
흐뭇해하시던 시어머니
죽어서도 따라다니며
잘 살게 해 줄 거라고 하시던 그 말씀

술술 넘기던 미역국도

정인숙

오늘은 목에 걸려
땀을 흘리며 먹는다

진땀을 흘리며 먹는다

그곳이 차마*

오랜만에 찾아온 고향
어릴 적 커다랗던 샘가
동네 아짐이 찬물에 은행열매를 손질하고 있다

지금은 작게만 보이는 우물
그곳에 빠지는 아이들도 있었지
그런 날은 동네 사람들이 모여
우물물을 온통 퍼내고 청소를 하곤 했지

가운뎃샘을 지나 윗샘까지
멀게만 느껴졌던 그 골목길이 짧기만 하다
무너진 흙담을 짊어지고
세월 따라 늘어진 마삭줄 넝쿨

동네 꼭대기 집이 헐리고
그 집 손주가 와서 살겠다고 커다란 집이 들어섰다

---

* 정지용 〈향수〉

옆집에는 친구 엄마 혼자 굽은 허리로 들깨를 턴다

물놀이하다 빠져서 버둥대다 겨우 살아난
마을 뒤쪽 저수지
지금도 세상에서 제일 무서운 게 물이어서
수영을 못 배우고 있다

저 멀리 동네 입구가 내려다보이는 정자나무 아래
함께 놀던 친구들의 모습 그리며
가만 눈을 감아 본다

카드로는 안 되는 것

자동 발매기로 차표를 뽑고 있는데
한 청년에게 만원을 내밀며
차표를 부탁하는 초로의 사내

몇 개의 자동 발매기를 둘러봐도
현금결제는 안 되는데
청년은 대꾸 없이 떠나고

막차 시간이라 발매 창구는 닫혀 있어
행선지를 물어 카드로 결제한 차표 한 장을 건네니
멋쩍게 웃으며 만 원짜리 한 장을 내민다

그냥 가시라는 내 말에도
편의점까지 달려가 잔돈을 바꿔와서
오천 원짜리 지폐를 떠밀 듯 쥐어준다

막차를 향해 달려가시고
남겨주지 못한 거스름돈 구백 원은 어떡하나

멀어져 가는 뒷모습에
내 아버지가 아른거리고

번에 대하여

방앗간에서 찧어온 쌀가루 함께
인월 오일장에서 사 온 쑥 버무려서
커다란 찜솥에 앉혔다

끓기 시작하더니 찜솥 옆 귀퉁이에서
피이피이 김이 새기 시작한다

그때도 그랬지
어릴 적 부지깽이 들고 쪼그려 앉아 아궁이에 불을 지필 때
떡시루에 김이 새면 떡이 설익는다고
어머니는 밀가루 반죽을 해서 시루와 솥단지 사이에 번*을 붙였지

당신이 그랬던 것처럼 나도
밀가루 반죽을 해 김이 새는 곳을 막아준다

어머니는 번이었지

---

* 번: 시루를 솥에 안칠 때 그 틈에서 김이 새지 않도록 바르는 반죽. 시룻번의 준말.

살면서 자꾸만 김이 샐 때
온몸으로 온 생애로 그 뜨거운 틈을 막아
우리를 둘러앉히고 떡을 먹게 했지

아이들은 들어보지도 못했을 번을 만들어 붙이며
나도 어느새 어머니 닮은 어미가 되어
쑥버무리를 만든다

언니

추석을 앞두고 언니네 집에 왔다

냉장고 안에
큰아들 작은아들 이름표 붙여 내어놓은 반찬통 사이
서투른 글씨로 튀어 나오는 '우리 막내'

친정에 온 딸에게 퍼주듯
무우김치 파김치 고추볶음까지 한 보따리 챙기는 모습

기저귀 빨아가며 업어키운 다섯 살 아래 동생
동네 샘가에서 빨래하다 손등에 묻은 똥덩어리를 보며
혀를 차던 아낙들에 얼굴 붉어지던

살림 밑천이 되어야 했던 큰 딸
내 가슴에 응어리로 남아

엄마도 시어머니도 가시고
큰며느리로 살아가고 있는 아직도

나를 업어주고 안아주는 내 마음의 엄마

오늘도 먼 하늘 바라본다

조휘문 (계칠)

순창 출생
2022년 월간 『문학공간』 수필 등단
2024년 『시와사람』 시 등단
원광 효행문학상(수필 부문) 산해정 치유문학 더 베스트상(수필 부문),
한석봉 문학상(시 부문), 남명 문학상 실천상(디카시 부문) 수상
순창문협, 광주문협, 광한문학 회원
현재 순창에서 문화공간 카페 베르자르당 운영

포도밭엔 코끼리가 산다

뜨거운 햇살 아래 검보랏빛 포도알이
검은 짐승의 눈동자처럼 익어가는
포도밭엔 수많은 귀가, 아기 코끼리 귀 같은 잎사귀가
바람 소리를 듣는다

바람은 벌레와 새 소리를 그 귀에 물어 나르고
봉지 속 포도알은 소리로 차오른다

포도는 저절로 읽지 않는다
코끼리 귀의 느린 부채질
속삭임 같은 귓속말에 단맛이 고이는데
내게도 무수한 잎사귀가 있었을 것이다

불안한 꿈들 거꾸로 자라던 사춘기
코끼리 귀 같은 잎사귀들이
내 안에 무엇을 채웠을까

어느덧

내 등에도 포도알에 맺힌 뿌연 분처럼
소금기가 서렸다
어딘가에 닿으려 발버둥치던 곳에 나는 닿았을까

포도밭 지나다 보면
내 가슴속에도 무엇인가가 익어가는지
먼 기억마저 단내가 난다

월광소나타

달빛이 호수를 연주한다
물결의 건반 위로
바람의 손가락이 지나가고

사랑에 베인 상처를 끌어안고 흐느끼는
귀머거리 사내가
귀차르디*의 가슴
그 가슴에서 출렁거린다

곱씹어 뱉어낸 생의 편린들
달빛에 풀어놓고
소리는 악보를 벗어나 허공에 가득한데

호수 건너는 달그림자가
무슨 음표인 듯 손짓인가
파르르 떤다

---

* 귀차르디: 베토벤이 사무치도록 사랑했던 소녀

아, 저 지경에 이르고 싶다

세상이 쳐 놓은
숱한 거미줄에 걸려도
먹이인 듯 덥석 거미들이 달려들어도
작은 무엇에도
걸리지 않은 무욕의 경지

거미가 아무리 물어도 물리지 않는
저 달의 길을
저 달의 높이를

첫눈 밟듯
따라가고 싶다

가을의 문장

낙엽이 말을 걸고
새 한 마리 볼일이나 있다는 듯 따라온다

붉고 노란 빛으로 짠 피륙 속으로
바람은 은빛 양 떼를 몰고 억새밭 산비탈을 내려간다

산 아랫마을은 소인국처럼 낮게 붙어있고
작은 거품 같은 당신의 묘를 바라본다

비스듬히 누운 햇살이 긴 그림자를 내밀며
이제 돌아가자고 손을 잡는다

낙엽의 떨켜처럼 이승과 저승을 이어줄, 사뿐히
나누어 줄 문장 하나 기다리며
돌아갈 일만 남았다

나무들은 나무들의 말로
새들은 새들의 말로 웃기도 하고 울기도 하는데

나는 마른 풀처럼 오래 서걱거리며
당신 앞에 내놓을 한 줄 시를 다듬어본다

가을
당신으로 가는 길목에 나는 서 있다

퇴역

아궁이 속에는 꽃불들이 살았다

가난을 삶던 가마솥
밥물이 눈물처럼 흐르던 기억은 무너진 담장과 함께 이끼에 덮여가고
사라진 어제들은 내 등허리에서 휘어진 채 발굴되었다

녹슨 그림자로 물러앉은 저 쓸모를 거꾸로 읽어 내려간다

때로는 끼니처럼 맹물을 끓이는 연기로 더 눈물이 났고
흰쌀밥 한 솥 가득 안치는 꿈도 꾸었을 것이다

가슴팍에 묻었을 고봉밥 한 그릇 꺼내 주고
허방 같이 깊은 속은 더 아득해졌을까

시간의 창槍은 무쇠보다 힘이 세고
힘줄만 앙상한 손 눈금도 이제는 밥물을 짚지 못해

사그라지는 노구만 햇살에 졸고 있다

행복한 일탈

카페 창가에 파리한 초승달처럼
이국의 여인이 앉아 있다

해거름에 피어나는 듯
주황빛 머릿결이 덩굴장미처럼 뻗어
한참을 바라보다 나는 쓰다듬을 뻔했다

아니, 이미 그녀의 손을 잡고
그녀의 고향으로 떠나고 있었다

몽마르뜨 언덕에서 뜨겁게 손을 잡고
세느강변에 가서는 다시는 풀지 않을 것처럼 팔짱을 껴야지
에펠탑 아래서 가슴에 손을 얹고 맹세를 할까
어차피 왔으니 갈 데까지 가보자

빙글빙글 찻잔을 돌리며
나는 어지러웠다
그녀도 내 안에서 숨 막혔다는 듯 고개를 들 때

바삭한 크루아상처럼
단번에 꿈은 깨져버리고

눈을 감고 나는 어둠을 길게 내뱉었다

최태랑

2012년 『세업』『시와정신』 등단
『도시로 간 낙타』 등 시집 3권 발간
시작상, 인천문학상, 김만배문학상, 아산문학상 등 수상

철모르는 아버지

아버지 기일에 고향집을 찾아간다
누이네 아들네 식구들 데불고
외진 고향집 마당 끝에 감나무가 반긴다
삼십 년을 같이 살다
식구들은 시나브로 도시로 가고
주인마저 보내고 혼자 집을 지킨다
별에게 물어
가지 끝에 초롱초롱 조등을 걸어두었다

손자가 감나무를 살피다가 왠,
못이 박혀있다 한다
저것은 분명 아버지가 하신 흔적
무엇에 쓸려고 못을 박아 두었을까

빨랫줄을 걸려고
쇠스랑 호미를 걸어 두려고
강아지를 묶어 두려고, 아니야
딸내미 찾아오라 등걸이었을 거야

아무리 유추해도
물증은 있는데 확증이 가지 않는다

아버지는 감이 열리지 않자
철분 때문으로 알고 못을 박아 두었다
아버지의 기발한 생각, 웃음이 절로 난다

사유

책갈피 속 악령이 깨어나는 한밤,
비평이 죽고 허기진 철학이 죽었다

함정에 빠진 어둠의 만가輓歌는 먹물 속을 흐르고
초침소리만큼 짧아진 지금
나는 어디 있나

풀밭을 건너는 조각 바람이듯 고요를 뒤척이며
밤은 더 깊이 어둠을 판다

들꽃 같은 어제
꽃향기 지나쳐 미라가 된 고백
그렇게 퇴락한 두근거림을 찾으러
귀와 눈과 여리게 고동치는 가슴으로
밤을 밟고 죽음을 지나
아주 작은 빛이라도 비추어라

가시 돋친 어둠과 어둠에 찔린 고요와

이 사유를 거두어다오
밤의 시편 같은
클로쉐가 어울리던 여류시인과 나와 하얀 초저녁을 위하여

이팝나무 꽃

외갓집 담장 너머에는
육도목 이팝나무 두 그루가 있었다네
평생 쌀밥 먹고 살라고 심었다네 할아버지가
보리 베기 모내기 직전 오월이면
흔히 말하는 춘궁기에
흰 밥사발 같은 이팝나무꽃이 피어
보고만 있어도 배가 불렀다네

어찌 보면 나무 위에 폭설을 쏟아 놔
오월의 크리스마스,
봄날을 즐긴 사람은 탐스럽다 하고
밥사발 위로 고봉이 심하게 올라와
다시 보면 열없고 부끄럽다 했다네

오월 이팝나무꽃이 피면
내 친구들은 눈꽃이라 했고
나는 눈물꽃이라 했다네

가락국수

목포행 완행열차 늦저녁 대전역에 도착하면 간이점에서 파는 요긴한 가락국수 한 그릇, 연신 끓은 물에 소면을 부챗살처럼 뉘이면 스르르 풀려 야들한 국수발이 봄날이다 멸치 국물 흠뻑 붓고 건더기라고는 김 가루뿐인 국수인데 남도 마음이 여밀 듯이 들어가 정감이 가는 음식이다 한 자락 낮은 선바람으로 뛰어가던 그 시절이 그립다

한두 가지 말 못할 사연들을 저마다 간직한 완행열차 사람들, 국수 사발을 두 손 합장해 공손히 움켜잡고 국물부터 마시던 허기진 그때가 그립다 진상 꾼도 틈새 낄 사이 없이 허겁지겁 먹던 추억이 있다 적당히 간이 맞은 남도 인정에 구수한 사투리가 버물어진 국수 한 그릇, 옆 사람 눈치 볼 겨를 없이 짐승이 사료 먹듯 허겁지겁 집어넣고 제 칸으로 뛰어가는 가난한 발뒤꿈치들이 그립다 수다스런 말귀는 소리도 없이 빠져나가고 뭉툭한 혀가 입속을 헹구고 제자리로 찾아 들어간다

국수 팔던 그 양반 시장기 덜 가신 나에게 별빛 따라 살갑게 내려온 북두칠성 한 국자 떠주던 그분은 지금 어디 계실까

그곳을 지날 때마다 푸서리 같은 그리움이 아슴하다

최태랑

산문

녹명鹿鳴

최태랑

　무심코 티브이를 켰다. 감동스러운 한 장면이 나왔다.
　어느 어미와 새끼사슴에 관한 내용이다.
　사슴, 참 유순하고 슬픈 짐승이다. 수컷은 뿔이 나 있어도 허세뿐이고 가족을 위해 싸운 적도 없고 또 싸우더라도 사용한 적이 별로 없다. 위풍당당한 갈기나 사나운 이빨 날카로운 발톱도 없다. 있는 거라고는 긴 목, 간혹 먼 곳을 바라보며 적이 오면 빨리 내닫을 수 있는 네 다리가 유일한 무기다. 그래서 그런지 새끼를 한두 마리만 낳아 키운다. 다른 어떤 동물보다 모성애가 강하다. 초원의 수많은 짐승 중에 생존경쟁의 맨 하위 서열로 살고 있다.
　초식 동물 중에서도 무리의 꽁무니에서 눈치를 보며 살아간다. 유순한 몸짓에 풀을 뜯을 때도 주위를 살피는 것에 더 신경을 쓴다. 암컷은 허구한 날 새끼에게 온 힘을 기울인다. 출산이 임박하면 혼자 은폐된 곳을 찾아 몸을 푼다. 새끼 사슴이 기동이 원활할 때까지 그곳을 떠나지 않는다.

사슴은 좋은 풀을 만나면 혼자 먹지 않고 '여기에 좋은 풀이 있다'고 함께 먹자고 소리를 지른다고 한다. 이때 부르는 소리를 녹명(鹿鳴)이라 한다. 이 소리는 마치 나 어릴 적 마실 나가 놀 때 식사 때가 되면 부르는 엄마의 목소리 같다.

아프리카 마라강변에 건기가 오면 역동적인 생존경쟁이 벌어진다. 초식동물은 강 건너 초지를 향해 건너기 위해 악전고투를 하고 육식동물은 이 틈을 이용해 식량 확보를 위한 살육의 아수라장이 펼쳐진다.

마라강 기슭 건너편에서 들려오는 녹명 소리에 새끼사슴이 강에 뛰어들어 헤엄쳐 건너가고 있다. 이를 본 악어들이 달려든다. 그때 난데없이 어미 사슴이 악어 쪽으로 뛰어든다. 어미 사슴은 새끼를 위해 뛰어든 것이다. 강물이 붉은 피로 물든다. 새끼를 살리기 위해 스스로 악어 앞에 몸을 던진 것이다. 세상 어느 사랑이 이토록 숭고하고 애잔한 것이 있을까. 나는 보았다. 목숨보다 귀한 사랑을, 나는 그 처절한 모습을 차마 눈 뜨고 볼 수가 없었다. 티브이 스위치를 껐다.

얼마의 침묵이 흘렀다. 궁금한 손길이 리모컨을 다시 잡는다. 이미 저질러져 있는 모습이 끔찍했다. 덜컥 입을 벌려 다물 때마다 가느

다란 목과 가지 같은 다리가 꺾여 악어 입속으로 들어간다. 처절한 모습을 바라보는 내 눈이 부끄럽다. 사정을 가리지 않는 본능의 저 이빨이 내 영혼을 찢는 것 같았다. 나는 언제 자식을 위해 몸을 던져 본 적 있었을까? 어미 사슴이 악어에게 잡아먹히는 사이 새끼 사슴은 무사히 강을 건넜다. 낭자한 핏물, 어미를 잃은 슬픔은 어찌할 수 없었다.

복효근 시인이 쓴 시구詩句를 다시 떠올려본다. '누 떼가 강을 건너는 법'에도 이런 대목이 묘사된다. 무리를 위해 목숨을 던진 한 마리의 희생 때문에 대다수의 누 떼가 무사히 건널 수 있었다.

새끼 사슴이 핏빛 선연한 마라강 서편을 푸른 초장을 향해 흰 엉덩이를 흔들며 간다. 그 모습이 한없이 측은했다. 어미의 희생으로 살아남은 너는 앞으로 어미 몫까지 잘 살아가기를 빌었다.

언젠가는 저 어미를 잃은 슬픔은 유전자로 새겨져 다음 세대에 태어날 자식에게 순연되어 갈 것이다. 그들이 존속되어가는 것은 저런 모성이 있었기 때문이 아닐까 하는 생각이 든다.

나도 부모가 되어 보니 알 것만 같다. 사실 아기 사슴이 천진난만하게 녹명의 유혹에 빠져 어미를 잃게 된 것은 배고픔을 채우려는 욕심에서 온 것이고 어미가 자식을 위해 몸을 바쳐 지킨 것은 그 어미가 어미에게 가르쳐 준 모성애다.

  우리 자식들도 지금은 다 커서 가까이 달려와 안기지는 않아도 언제나 내 품에 있고 주변에 서성이고 있음을 안다. 그렇게 동질성을 가지고 있는 것이 어미요 아이와의 보이지 않는 관계인 것이다. 자식을 위해 한목숨 던지는 미물의 짐승을 보면서 몸 바쳐 평생을 살아온 늙은 부모 마음을 내 아이들은 알고나 있을까. 하는 생각을 해 본다.

  부모와 자식 간의 사랑은 어디까지일까. 나는 답이 없는 선문선답을 하면서 티브이를 껐다. 창문 너머 하현달이 점점 기울어가고 있다.

광한문학 2024 제2호
꽃받침

인 쇄 2024년 11월 22일
발 행 2024년 11월 30일

발행인 김귀례
발행처 광한문학회

제 작 신아출판사
　　　　 전주시 완산구 공북 1길 16
　　　　 (063) 275-4000 · 0484

ISBN 979-11-5933-562-4 (03810)
값 11,000원